# Que sait-on de l'amour en France au XII<sup>e</sup> siècle?

GEORGES DUBY

*The Zaharoff Lecture
for 1982–3*

CLARENDON PRESS · OXFORD

1983

*Oxford University Press, Walton Street, Oxford OX2 6DP*
*London Glasgow New York Toronto*
*Delhi Bombay Calcutta Madras Karachi*
*Kuala Lumpur Singapore Hong Kong Tokyo*
*Nairobi Dar es Salaam Cape Town*
*Melbourne Auckland*
*and associated companies in*
*Beirut Berlin Ibadan Mexico City Nicosia*

*Oxford is a trade mark of Oxford University Press*

*Published in the United States*
*by Oxford University Press, New York*

© *Oxford University Press 1983*

*British Library Cataloguing in Publication Data*
*Duby, Georges*
*Que sait-on de l'amour en France au*
*XIIᵉ siècle? – (Zaharoff lectures)*
*1. Marriage – France    2. Interpersonal*
*relations    3. France – History – Medieval*
*period 987-1515*
*I. Title        II. Series*
*306.8'7        HQ623*
*ISBN 0-19-951537-9*

*Set by Hope Services, Abingdon*
*and printed in Great Britain*
*at the University Press, Oxford*
*by Eric Buckley*
*Printer to the University*

# QUE SAIT-ON DE L'AMOUR EN FRANCE AU XIIᵉ SIÈCLE?

Je ne parlerai pas de l'amour de Dieu. Et pourtant, comment ne pas en parler? Des raisons, impérieuses, devraient contraindre de commencer par là. En effet, si, dans l'évolution de la culture européenne, il existe une inflexion, je dirai même un tournant, et décisif, quant à l'idée que les hommes se sont faite du sentiment que nous appelons l'amour, c'est bien dans les écrits des penseurs de l'Église que nous autres, les historiens, pouvons le discerner d'abord.

Ces hommes qui méditaient sur les relations affectives entre le Créateur et les créatures, en France du Nord justement, et au seuil du XIIᵉ siècle, dans l'école capitulaire de Paris, à Saint-Victor, à Clairvaux, dans d'autres monastères cisterciens, et par là, le mouvement gagnant aussitôt l'Angleterre —ces hommes, entraînés par le mouvement de renaissance qui portait à lire assidûment les grands textes du classicisme latin, pris eux-mêmes par la progressive intériorisation du christianisme, dans les répercussions de la croisade et l'attention plus soutenue aux enseignements du Nouveau Testament —ces hommes s'éloignèrent en effet rapidement d'une conception égocentrique de l'amour, celle de la tradition patristique, celle d'Augustin et celle du pseudo-Denys, pour se le figurer, s'inspirant de Cicéron et de son modèle de l'*amicitia*, comme un élan volontaire hors de soi, oublieux de soi, désintéressé, et conduisant par un progrès, une épuration de degré en degré, jusqu'à la fusion en l'autre.

Or, d'une part, les fruits de ces réflexions ne demeurèrent pas renfermés dans le cloître ou dans l'école. Ils se répandirent de toutes parts dans la société aristocratique, d'abord en vertu de cette osmose qui, par l'effet d'une étroite convivialité

3

domestique entre clercs et laïcs, portait, dans les maisons nobles, les deux cultures, l'ecclésiastique et la chevaleresque, à se compénétrer, et plus tard, dans le courant du xii^e siècle, par les progrès de l'action pastorale, par l'effort délibéré pour éduquer, en l'exhortant, en le sermonnant, le peuple fidèle. (Et nombre des textes qui nous renseignent sur l'évolution de l'amour que le chrétien est appelé à porter à son Dieu furent écrits pour servir, précisément, à cette éducation.)

D'autre part—et c'est ce qui principalement importe ici—la méditation des théologiens et des moralistes sur la *caritas* inclina très vite, et naturellement, par le simple jeu des métaphores que propose l'Écriture Sainte, à se prolonger en une méditation sur le mariage, sur la nature et la qualité du rapport affectif à l'intérieur du couple conjugal.

Mais je ne parlerai pas de l'amour de Dieu, et pour un sérieux motif. Parce que je ne suis pas historien de la théologie ni de la morale, parce que d'autres, et qui avaient qualité pour le faire, en ont abondamment parlé, scrutant tous les textes. Je suis historien de la société féodale. Je cherche à comprendre comment cette société fonctionnait, et pour cela, je m'interroge sur les comportements et sur les représentations mentales qui ont gouverné ces comportements. Je dois dès l'abord définir clairement le cadre d'une recherche dont je livre ici les premiers résultats. Il ne saurait s'agir pour moi de situer l'évolution de l'amour au niveau d'une simple histoire des sentiments, des passions, des 'mentalités', qui serait autonome isolée, de l'histoire des autres composantes de la formation sociale, désincarnée. Il s'agit bien au contraire—et la part fondamentale que ménagent à l'incarnation les penseurs sacrés du xii^e siècle dont je viens de parler m'inciterait à elle seule à le faire—d'insérer cette évolution dans la matérialité des rapports de société et du quotidien de la vie. La recherche dont j'ai l'honneur de vous entretenir prend place dans le droit prolongement de celle que j'ai récemment conduite sur la pratique du mariage. Elle prélude à l'exploration d'un domaine mal connu où je commence à m'aventurer, prudemment, lorsque je pose le problème de la condition de la femme dans la société que nous appelons féodale. Par conséquent, l'amour dont je parlerai ce soir est celui dont la femme est l'objet, dont elle est elle-même animée, et dans son lieu légitime, dans la cellule de base de l'organisation sociale, c'est-à-dire le cadre conjugal. Ma question, précise, sera: que savons-nous, en France, au XIIᵉ siècle, de l'amour entre époux?

Nous n'en savons rien, et nous n'en saurons, je pense, jamais rien pour l'immense majorité des ménages: dans mon pays, pour cette époque ancienne, la conjugalité populaire échappe totalement à l'observation. Les rares lueurs se portent toutes sur le sommet de l'édifice social, sur les grands, sur les riches, sur l'aristocratie la plus haute, sur les princes. On parle d'eux. Ils paient, et fort cher, pour que l'on parle d'eux, pour qu'on célèbre leur gloire et pour qu'on dénigre leurs adversaires. Tous sont mariés, nécessairement, puisque la survie d'une maison dépend d'eux. Quelques figures d'épouses sortent donc, auprès d'eux, de l'ombre. Des couples. Et du sentiment qui les unissait, il arrive que l'on ait dit ici et là quelques mots.

Mais ces témoignages—et les meilleurs viennent de la littérature généalogique, dynastique, qui s'épanouit en France du Nord dans la seconde moitié du XIIᵉ siècle—s'en tiennent tous à ce que les convenances imposaient alors d'exprimer. Ils demeurent en surface, ils ne montrent que la façade, les attitudes d'affectation. Lorsque le discours est agressif, dirigé contre des pouvoirs concurrents, le mari qu'il faut déconsidérer est dit, d'abord, trompé, et l'on s'esclaffe; il est dit d'autre part, dans le latin de ces textes qui tous sont rédigés dans le langage hiératique des monuments de la culture, *uxorius*, c'est-à-dire asservi à son épouse, dévirilisé, déchu de sa nécessaire prééminence; une telle défaillance étant dénoncée comme effet de la *puerilitas*, de l'immaturité. L'homme en effet, qui prend femme, quel que soit son âge doit se comporter en *senior* et tenir cette femme en bride,

5

sous son étroit contrôle. Inversement, lorsque le discours glorifie le héros, c'est-à-dire le commanditaire ou bien ses ancêtres, lorsqu'il est élogieux, son auteur se garde bien d'évoquer des mésententes; il insiste sur la parfaite *dilectio*, ce sentiment condescendant que les maîtres doivent tourner vers ceux qu'ils protègent et que l'époux porte à cette épouse, toujours belle, toujours noble et qu'il a déflorée; s'il devient veuf, il est montré, tel le comte Beaudoin II de Guînes, malade de chagrin, inconsolable. Un voile est ainsi tendu devant la vérité des attitudes. Fait écran, dans ce genre d'écrits, l'idéologie dont ils sont l'expression et qui, à cet étage de la société, dans le courant du XIIe siècle, s'établit en coïncidence avec l'idéologie des clercs, en certains points décisifs.

L'accord porte en premier lieu sur ce postulat, obstinément proclamé, que la femme est un être faible qui doit être nécessairement soumis parce que naturellement pervers, qu'elle est vouée à servir l'homme dans le mariage, et que l'homme est en pouvoir légitime de s'en servir. En second lieu, vient l'idée, corrélative, que le mariage forme le soubassement de l'ordre social, que cet ordre se fonde sur un rapport d'inégalité, sur cet échange de dilection et de révérence qui n'est pas dissemblable de ce que le latin des scolastiques nomme la *caritas*.

Cependant, lorsque, sollicitant d'autres indices plus explicites sur le concret de la pratique matrimoniale, on s'efforce de dépasser les apparences, de percer cette écorce d'ostentation et d'atteindre les comportements dans leur sincérité, on distingue qu'au déploiement de la *caritas* au sein de la conjugalité s'opposaient alors de robustes obstacles. Je les range en deux catégories.

Les plus abrupts tiennent aux conditions qui présidaient à la formation des couples. Dans ce milieu social, c'est un fait d'évidence, tous les mariages étaient arrangés. Des hommes avaient parlé entre eux, des pères ou bien des hommes en position paternelle, tel le seigneur du fief à propos de de la veuve ou des orphelines du vassal défunt. Souvent aussi l'intéressé s'était exprimé lui-même, le *juvenis*, le chevalier en quête d'établissement, mais n'adressant point de paroles à celle qu'il souhaitait attirer dans sa couche, parlant à d'autres hommes. Chose sérieuse, le mariage est affaire masculine. Bien sûr, depuis le milieu du xiie siècle, l'Église a fait admettre dans la haute aristocratie que le lien conjugal se noue par consentement mutuel, et tous les textes, notamment la littérature généalogique, affirment nettement ce principe: celle que l'on donne, qu'on homme donne en mariage à un autre homme, a son mot à dire. Le dit-elle?

Les allusions, certes, ne manquent pas à des filles rétives. Mais de telles revendications de liberté, ou bien sont dénoncées comme coupables lorsque la fille refuse d'accepter celui qu'on a choisi pour elle, affirme qu'elle en aime un autre, lorsqu'elle parle précisément d'amour—et le ciel bien vite la punit. Ou bien ces résistances sont objet de louange lorsqu'il s'agit d'un autre amour, l'amour de Dieu, lorsque sont refusées les noces par volonté de chasteté. (Encore que les dirigeants de la parenté ne paraissent guère enclins à respecter de telles dispositions d'âme: les sévices qu'infligea à la mère de Guibert de Nogent la famille de son défunt mari qui voulait contre son désir la remarier ne furent guère moins violents, sinon moins efficaces, que ceux dont fut accablée Christine, la recluse de Saint Albans.) Les femmes sont normalement au pouvoir des hommes. La règle stricte était que les filles soient livrées. Très tôt.

Extrême précocité des *sponsalia*, cérémonie par quoi le pacte était conclu entre les deux familles, le consentement mutuel exprimé, et, lorsque la fillette était trop jeune encore pour parler, un simple sourire de sa part semblait le signe suffisant de son adhésion. Mais précocité également des noces. La morale, la coutume autorisaient d'extraire l'enfant dès sa douzième année de l'univers clos réservé dans la maison aux femmes, où elle avait été couvée depuis sa naissance, pour la conduire en grande pompe vers un lit, pour la placer dans les bras d'un barbon qu'elle n'avait jamais vu, ou bien d'un adolescent à peine plus âgé qu'elle et qui, depuis qu'il était lui-même sorti, vers sa septième année, des mains féminines, n'avait vécu que pour se préparer au combat par l'exercice du corps et dans l'exaltation de la violence virile.

Dans une recherche si tâtonnante sur la préhistoire de l'amour, l'historien est bien obligé de prendre en considération de telles pratiques et d'imaginer leur inévitable retentissement sur l'affectivité conjugale. Evidemment, il ne sait pas grand' chose de la première rencontre sexuelle (laquelle était pourtant quasi publique); cependant, dans le grand silence des documents, quelques indices apparaissent de ses conséquences funestes: telle dispense accordée par le pape Alexandre, autorisant à prendre une nouvelle épouse ce garçon qui avait irrémédiablement mutilé le jeune tendron abandonné aux brutalités de son inexpérience; plus souvent, dans l'esprit des maris, (et, notons-le bien, leur réaction affective est la seule qui soit jamais prise en compte), ce brutal revirement du désir (*amor*) en haîne (*odium*) dans la première nuit des noces; tant d'allusions, pour le peu qui est révélé de ces choses, à l'impuissance du jeune marié, à des fiascos dont le plus retentissant fut celui du roi Philippe II de France devant Ingeborg de Danemark.

D'aussi fortes meurtrissures étaient peut-être exceptionnelles. Nous devons cependant tenir la chambre des époux, cet atelier, au cœur de la demeure aristocratique, où se forgeait le nouveau maillon de la chaîne dynastique, non point pour le lieu de ces fades idylles dont nous entretient aujourd'hui en France le roman historique dans son impétueuse et inquiétante floraison, mais bien pour le champ d'un combat, d'un duel, dont l'âpreté était fort peu propice au resserrement entre les époux d'une relation sentimentale fondée sur l'oubli de soi, le souci de l'autre, cette ouverture de cœur que requiert la *caritas*.

Des obstacles d'un autre genre étaient dressés, et par les moralistes d'Église eux-mêmes, innocemment, par tant de prêtres qu'obsédait la peur de la féminité. Dans l'essor de la

8

pastorale, ils s'efforçaient de réconforter ces femmes victimes de la conjugalité que nous devinons si nombreuses en ce temps, dans ce milieu social, meurtries, délaissées, répudiées, bafouées, battues. Parmi les lettres de direction spirituelle adressées à des épouses, j'en prends une, qui date de la fin du XIIᵉ siècle. Elle émane de l'abbaye de Perseigne, l'un de ces monastères cisterciens où l'on travaillait alors aux ajustements d'une morale à l'usage des laïcs, où l'on affinait, pour les équipes de prédicateurs séculiers, les instruments d'une exortation édifiante. L'abbé Adam, dans cette épître soigneusement polie, entreprend de consoler et de guider la comtesse du Perche. Celle-ci, inclinant sans doute à se retirer, à se refuser, hésitante cependant, se demandait quels sont les devoirs de la femme mariée, jusqu'où doit-elle se plier aux exigences de l'époux, quel est exactement le montant de la dette, du *debitum*, puisque c'est par ce terme d'une désolante sécheresse juridique que le discours moralisant définissait le fondement de l'*affectus* conjugal. Le directeur s'emploie à éclairer cette conscience inquiète. Il y a, dit-il, dans la personne humaine, l'âme et le corps. Dieu est propriétaire de l'une et de l'autre. Mais, selon la loi de mariage qu'il a lui-même instituée, il concède à l'époux (de la manière même dont était concédée une tenure féodale, c'est-à-dire abandonnant l'usage, conservant sur le bien un pouvoir éminent) le droit qu'il détient sur le corps de la femme (de ce corps le mari entre ainsi en saisine, il en devient le tenancier, autorisé à s'en servir, à l'exploiter, à lui faire porter fruit). Mais, poursuit Adam de Perseigne, Dieu garde pour lui seul l'âme: 'Dieu ne permet pas que l'âme passe en possession d'un autre.'

Dans l'état conjugal l'être se trouve donc partagé. Que la comtesse du Perche ne l'oublie pas: elle a en réalité deux époux qu'elle doit équitablement servir, l'un, investi d'un droit d'usage sur son corps, l'autre, maître absolu de son âme; entre ces deux époux, point de jalousie si la femme prend soin de rendre à chacun son dû: 'il serait injuste de transférer le droit de

9

l'un ou de l'autre à un usage étranger'.

Entendons bien: l'injustice, le déni de justice serait que, trop profondément blessée, incapable de vaincre ses répugnances, l'épouse se dérobât, refusât son corps à son mari, n'acquittât point sa dette. (Remarquons qu'Adam de Perseigne n'envisage à aucun moment que la femme puisse être elle-même demanderesse, qu'elle soit, elle aussi—et c'est pourtant ce que dit le droit canon—en saisine du corps de son mari, en position de réclamer son dû.) Mais l'injustice serait aussi qu'elle livrât à son époux, en même temps que son corps, son âme. Et voici la conclusion de ce petit traité moral: certes tu n'as pas le droit de te refuser. Toutefois, 'quand l'époux de chair s'unit à toi, mets, toi, ta joie [ce mot délibérément choisi appartient au vocabulaire des noces; il sert dans le vocabulaire de la courtoisie à célébrer le plaisir charnel] mets, toi, ta joie, à demeurer fixée, spirituellement, à ton époux céleste'. De marbre, donc. Sans aucun frémissement de l'âme.

Or cette lettre, sous la forme où elle nous est parvenue, n'était pas de destination intime. Elle était écrite pour circuler, pour que le message fût largement répandu, comme par un sermon, qu'il enseignât à toutes les princesses, aux dames de leur entourage soucieuses de leur frigidité ou de leur bouffées de désir, comment aimer dans le mariage. De fait, l'écho fidèle de cette exortation se retrouve dans nombre de textes, notamment dans ces biographies de saintes femmes que le souci de rectifier la conduite des laïcs en leur montrant l'exemple des vertus fit se multiplier à la fin du XIIᵉ siècle. Ainsi je retrouve la même idée, et presque les mêmes termes, dans la Vie de sainte Ida de Herfeld, laquelle fut 'attentive [elle aussi, tandis qu'elle s'unissait à son mari] à rendre à Dieu son dû, contenant dans sa juste mesure son amour selon la chair afin que son esprit [il s'agit bien, on le voit, du même partage] ne fût en rien souillé par un commerce frivole'.

Il apparaît donc que, dans l'esprit des ecclésiastiques dont, au cours du XIIᵉ siècle, la lente diffusion des pratiques de la

10

pénitence privée appesantissait l'influence, de la part des femmes, ces êtres fragiles, l'élan de l'âme, volontaire, hors de soi, c'est-à-dire l'amour tel qu'il est défini par les penseurs sacrés, ne peut, selon la justice, se porter que vers Dieu. Toutes les filles, évidemment, ne sauraient être consacrées, abandonnées tout entières à l'amant divin. Il faut bien que certaines soient cédées à un homme, mais alors, que celles-ci demeurent fidèles à cet amour primordial sans en rien distraire, qu'elles se gardent de se donner toute. Leur devoir est non point de partager leur amour, mais de se partager elles-mêmes. Dissociation, dédoublement de la personne: d'un côte (du côté du terrestre, du charnel, de l'inférieur) l'obéissance passive; de l'autre, l'élan vers le haut, l'ardeur, bref, l'amour. Dédoublement dans le mariage, mais de la personne féminine seule. Il est interdit d'imaginer que l'homme ait, dans les parages célestes, une autre compagne à qui, dans l'acte sexuel, il demeure, pour reprendre, les mots d'Adam de Perseigne, spirituellement fixé. L'homme, lui, n'a jamais qu'une épouse. Il doit la prendre comme elle est, froide dans l'acquittement du *debitum*, et il lui est interdit de l'échauffer.

Est-il téméraire de penser que parfois les maris étaient exaspérés de sentir entre leurs femmes et eux, non point la présence de l'époux céleste, mais celle du prêtre? Combien d'hommes allaient, dans les maisons—comme celui dont Guibert de Nogent veut nous persuader qu'il était fou—criant, à propos d'une épouse obstinément fermée: 'les prêtres ont planté une croix dans les reins de cette femme'? Heureusement pour notre information, parmi les clercs qui tenaient alors la plume, certains exprimaient une autre morale, celle des cours. C'est le cas de Gislebert, chanoine de Mons, dont j'utilise maintenant le témoignage, exactement contemporain de celui d'Adam de Perseigne.

Un *curialis*, justement, un de ces intellectuels qui, de plus en plus nombreux, mettaient leur talent au service des princes. Nourri depuis son enfance dans la maison des comtes de Hainaut, il avait rempli là des fonctions d'écriture, étroitement lié au comte Beaudoin V, son camarade. Lorsque celui-ci mourut en 1195, Gislebert dut quitter la cour, évincé par les compagnons du nouveau comte; retiré, il entreprit de composer une chronique de la principauté, à la gloire de son patron défunt. Il pare celui-ci de tous les mérites et le loue en particulier d'avoir si bien marié ses enfants. De longue date, il s'était entendu avec les dirigeants de la maison de Champage: son fils aîné y prendrait femme dès qu'il serait en âge. Ce qui se produisit en 1185. Les noces eurent lieu.

Gislebert note l'âge des conjoints: Beaudoin (le futur empereur de Constantinople) avait treize ans, Marie, douze ans. Puis, en une phrase, il décrit le comportement des nouveaux mariés. Le regard de Gislebert est froid, aigu, celui d'un administrateur attentif au concret de la vie; ce regard est critique, il n'aime pas Beaudoin le sixième qui l'a chassé de son poste. Que dit-il?

Il revient d'abord sur la jeunesse des époux: elle. 'très jeune': lui, 'très jeune chevalier'. Car c'est justement parce qu'ils étaient jeunes que le propos de vie qu'ils choisirent parut étrange, inconvenant, condamnable. On avait vu en effet Marie se clore, se retirer dans la dévotion, dans la prière, la prière de nuit, celle des moniales et des recluses, les abstinences, le jeûne. Demeurant comme elle avait vécu dans le couvent domestique dont elle sortait, s'imposant une discipline convenant aux vierges ou aux veuves, non point aux épousées. Parfaitement indécent parut aux yeux de tous ce retrait, ce refuge où une nouvelle mariée décidait de se cloîtrer, dans les attitudes de la pénitence certes, mais surtout comme en position de défense contre des assauts qui lui répugnaient.

Car le mari ne s'était pas détourné, bien au contraire. Dans cette même phrase, Gislebert le montre tout entier voué à l'amour. Très délibérément, ce bon écrivain qu'est l'auteur de la Chronique de Hainaut ne parle pas de *caritas*, il choisit ce terme, *amor*, car il s'agit bien de cela, du désir, brûlant, pressant, qui, selon les convenances courtoises, sied à un *juvenis miles*. Comprenons bien le sens de l'expression: celui que l'on appelle en ce temps un 'jeune' est un bachelier, un chevalier qui n'est pas encore marié. Un tel désir, en effet, est d'autant plus ardent qu'il n'est pas assouvi. L'*amor*, dont il est ici question, ne convient pas—et c'est là l'essentiel—à l'homme en possession d'une épouse. Il parut risible que le jeune Beaudoin, après ses noces, restât devant sa femme dans la posture d'un bachelier, en état de désir, qu'il n'assouvit pas dans le lit nuptial ce désir, ou qu'il ne le portât pas ailleurs, qu'il demeurât, Gislebert insiste, 'attaché à une seule femme', la sienne, et qui se refusait. Suit cette remarque: une telle attitude chez les hommes est tout à fait insolite. Éloge? Non pas. Tout le contraire: dans le milieu courtois dont le chanoine de Mons est le porte-parole exact et lucide, cette attitude fait de celui qui s'y tient un objet non d'admiration mais de scandale, et plus encore de dérision. On riait, dans Mons et dans Valenciennes, de ce jouvenceau que le mariage venait de ranger parmi les *seniores*, qui aurait dû dès lors se conduire en *senior*; on riait de lui parce qu'il avait respecté les intentions de continence de son épouse, parce qu'il ne l'avait pas prise de force; on en riait surtout parce qu'il ne transportait pas sa flamme en d'autres lieux, parce que—le texte que j'utilise le répète—il se 'contentait d'elle seule'. Un original. Ridicule.

J'ai dit tout à l'heure que, dans l'état conjugal, la personne féminine était partagée. Je constate maintenant que la personne masculine elle aussi se dédouble, mais d'un dédoublement dissemblable; ce qu'il peut y avoir dans l'homme de désir, d'élan, d'amour ne s'épanche pas, comme doit le faire l'amour féminin, dans la sublimation, dans le spirituel. Il s'évade lui aussi du carcan matrimonial mais sans quitter le siècle, la terre, le charnel. Il se détourne vers le jeu, vers les espaces dégagés de la gratuité, de la liberté ludique. Et nous voici devant les mots mêmes que l'auteur, vraisemblablement masculin, des lettres attribuées à Héloïse, prête à celle-ci: '*amorem conjugio libertatem*

13

*vinculo preferebam*'. De toutes façons, le mariage n'est pas le lieu de ce que l'on définit alors comme l'amour. Car il est interdit à l'époux et à l'épouse de s'élancer l'un vers l'autre dans l'ardeur et la véhémence. C'est bien ce qu'entend signifier tel chapiteau sculpté dans la nef de l'église de Civaux en Poitou: on y voit les deux conjoints côte à côte, mais de face, ne se regardant pas: elle regarde vers le ciel, et lui, vers qui regarde-t-il?: vers la *meretrix*, l'amour vénal, vers l'*amica*, l'amour libre, l'amour jeu.

Cette constatation ne doit pas surprendre; Philippe Ariès, Jean Louis Flandrin font depuis longtemps remarquer que, dans toutes les sociétés, sauf la nôtre, le sentiment qui lie l'homme et la femme ne saurait être de même nature à l'intérieur et en dehors de la cellule conjugale. Parce que sur le mariage repose entièrement l'ordre social, parce que le mariage est une institution, un système juridique qui lie, aliène, oblige afin que soit assurée la reproduction de la société dans ses structures, et notamment dans la stabilité des pouvoirs et des fortunes, il ne lui convient pas d'accueillir la frivolité, la passion, la fantaisie, le plaisir; et lorsqu'elle commence de les accueillir, n'est-ce pas que déjà cette institution a perdu de ses fonctions et tend à se désagréger? Au mariage sied le sérieux, la gravité. Ce que dit Montaigne: dans le mariage, liaison 'religieuse et dévote', le plaisir doit être 'retenu, sérieux et mêlé de quelque sévérité', la volupté 'prudente et consciencieuse'. Ce que Laclos place sous la plume de la marquise de Merteuil dans la Lettre 104 des *Liaisons*: 'ce n'est pas que je désapprouve qu'un sentiment honnête et doux vienne embellir le lien conjugal et adoucir en quelque sorte les devoirs qu'il impose [la marquise écrit à une autre femme]; mais ce n'est pas à lui qu'il appartient de le former'. *Affectio, dilectio*, oui. Mais pas d'amour. Sur ce point, au XII<sup>e</sup> siècle, tous les hommes, hommes d'église, hommes de cour étaient d'accord.

Évoquer cette dissociation, ce déversement de l'amour hors du couple conjugal me conduit à considérer pour conclure ces rites de la sociabilité aristocratique ordonnés autour d'un sentiment que les spécialistes de la littérature médiévale ont nommé l'amour courtois. Je n'en ai encore rien dit. Je n'en dirai guère plus que je n'ai dit de l'amour de Dieu, parce que je ne suis pas historien de la littérature et que d'autres ont surabondamment parlé de cet amour-ci, mais surtout parce que l'on peut se demander si ce sentiment eût jamais d'autre existence que dans les textes littéraires et parce qu'il est sûr en tout cas que les virevoltes de la galanterie ne constituèrent jamais à cette époque qu'un simulacre mondain, un vêtement de parade jeté sur la vérité des attitudes affectives. Mais enfin, ce que je viens de proposer quant à l'amour conjugal m'oblige à trois brèves remarques concernant la 'fine amour' et qui me semblent capables d'aider à mieux comprendre les paroles qui la décrivent ainsi qu'à la mieux situer parmi les comportements sociaux de ce temps.

Il me semble d'abord que la place faite au mariage dans l'organisation de la société féodale par les pratiques de l'alliance et par la morale construite pour justifier ces pratiques, explique fort bien que tous les poèmes et toutes les maximes situent l'amour courtois hors du champ matrimonial, puisque la fine amour (je ne parle pas de l'amour ténébreux, fatal, à la Tristan qui est tout autre chose) est un jeu dont le terrain doit être celui, non des obligations et des dettes, mais des aventures de la liberté.

Un jeu—c'est ma seconde remarque—dont j'ai souligné ailleurs qu'il tenait un rôle fondamental, parallèle à celui du mariage, dans la distribution des pouvoirs au sein des grandes maisons princières. J'ai dit aussi que c'était un jeu d'homme, spécifiquement masculin, comme est d'ailleurs masculine toute la littérature qui en expose les règles et qui n'exalte guère que des valeurs viriles. Dans ce jeu, la femme est un leurre. Elle remplit deux fonctions: d'une part, offerte jusqu'à un certain point par celui qui la tient en son pouvoir et qui mène le jeu, elle constitue le prix d'une compétition, d'un concours permanent entre les jeunes hommes de la cour, attisant parmi eux l'émulation, canalisant leur puissance agressive, les disciplinant, les domestiquant. D'autre part, la femme a mission d'éduquer ces jeunes. La fine amour civilise, elle constitue l'un des rouages essentiels dans le système pédagogique dont la cour princière est le lieu. C'est un exercice nécessaire de la jeunesse, une école. Dans cette école, la femme occupe la place du maître. Elle enseigne d'autant mieux qu'elle aiguise le désir. Il convient donc qu'elle se refuse et surtout qu'elle soit interdite. Il convient qu'elle soit une épouse et mieux encore l'épouse du maître de la maisonnée, sa dame. Par là même, elle est en position dominante, attendant d'être servie, dispensant parcimonieusement ses faveurs, dans une position homologue à celle où est installé le sire, son mari, au centre du réseau des pouvoirs véritables. Si bien que dans l'ambivalence des rôles attribués aux deux personnes du couple seigneurial, cet amour-ci, l'*amor*, le vrai, le désir contenu, apparait en fait comme l'école de l'amitié, de cette amitié dont on pense à l'époque même qu'elle devrait resserrer le lien vassalique, et raffermir ainsi les assises politiques de l'organisation sociale. Et l'on peut se demander, partant de recherches récentes attentives à déceler les tendances homosexuelles sous la trame des poèmes d'amour courtois, si la figure de la *domina* ne s'identifie pas en fait à celle du *dominus*, de son époux, chef de maison.

J'en viens à ma dernière réflexion. La hiérarchie est nécessaire. Le rapport pédagogique, la confusion entre l'image de la dame et celle du maître, la logique enfin du système imposent que l'amant soit en situation de soumission. Mais il faut remarquer que, nécessairement, cet amant est un *juvenis*. Les hommes mariés sont hors du jeu, nécessairement. Ce que ne cessent de répéter Marcabru, Cercamon. Je rappelle ici le jugement de Guillaume de Malmesbury à l'égard du roi Philippe I<sup>er</sup> de France, marié, qui, poursuivant une femme de son désir, se conduisait comme un jeune: 'ne vont bien ensemble et ne demeurent en un même lieu la majesté et l'amour'. L'*amor*, la fine amour, ce jeu éducatif, est réservé aux mâles célibataires.

Et peu à peu les formes littéraires font glisser les parades courtoises du côté des rites prénuptiaux; elles y sont bien établies déja au seuil du XIII$^e$ siècle, lorsque Guillaume de Lorris compose le premier *Roman de la Rose*.

Les *seniores* pourtant, Gislebert de Mons nous l'affirme, n'avaient pas coutume de se contenter d'une seule femme. La place réservée aux bâtards du maître dans la littérature généalogique le confirme. Ils sont complaisamment dénombrés par les écrivains à gage, puisque le patron souhaitait que fussent également célébrées les prouesses sexuelles de ses aïeux et les siennes propres. Lorsque Lambert d'Ardres évoque l'allègre pétulence génésique du comte Beaudoin II de Guînes, il affirme bien que ses enfants nés hors mariage— ils étaient trente trois, mêlés à leurs frères et sœurs légitimes, pleurant aux obsèques de leur père défunt—avaient tous été engendrés soit avant les noces, dans les dévergondages licites de la jeunesse, soit après la dissolution du lien conjugal, dans la liberté retrouvée du veuvage. Gislebert de Mons est plus cynique: son héros, le comte de Hainaut, s'était marié trop tôt, était devenu bien trop tard veuf; il avait évidemment connu en état de conjugalité bien d'autres femmes que son épouse. Ces compagnes de surcroît sont toutes dites, comme les compagnes légitimes, belles (c'est une excuse), nobles (les convenances l'exigent) et souvent vierges (ce qui rehausse l'exploit). Cependant nulle part il n'est dit qu'elles aient été courtisées, qu'avant de s'en emparer leur séducteur ait célébré autour de leur personne les liturgies de la fine amour. Il forniquait. Parce que cet homme n'était plus un 'jeune', parce qu'il était un mari. Mais le mariage, parce qu'il était ce qu'il était, parce qu'il lui manquait, par définition, d'être le lieu de l'élan des corps, remplissait mal la fonction d'apaisement que Paul lui assigne dans la première Épître aux Corinthiens. Beaudoin de Guînes, Beaudoin de Hainaut, tant d'autres avec eux, avaient beau être mariés: ils brûlaient encore.

17